I0191583

"गोविंद के रंग में"

"शंका से श्रद्धा तक की यात्रा का वर्णन – काव्य रूप में"

Janvee vij

BookLeaf
Publishing

India | USA | UK

Copyright © Janvee vij

All Rights Reserved.

This book has been self-published with all reasonable efforts taken to make the material error-free by the author. No part of this book shall be used, reproduced in any manner whatsoever without written permission from the author, except in the case of brief quotations embodied in critical articles and reviews.

The Author of this book is solely responsible and liable for its content including but not limited to the views, representations, descriptions, statements, information, opinions, and references ["Content"]. The Content of this book shall not constitute or be construed or deemed to reflect the opinion or expression of the Publisher or Editor. Neither the Publisher nor Editor endorse or approve the Content of this book or guarantee the reliability, accuracy, or completeness of the Content published herein and do not make any representations or warranties of any kind, express or implied, including but not limited to the implied warranties of merchantability, fitness for a particular purpose.

The Publisher and Editor shall not be liable whatsoever...

Made with ❤ on the BookLeaf Publishing Platform

www.bookleafpub.in

www.bookleafpub.com

Dedication

मैं यह काव्य संग्रह अपने आराध्य – श्री राधा कृष्ण को समर्पित करती हूँ, जिनकी कृपा से मेरे मन में विभिन्न प्रकार के भाव प्रकट हुए और उन्हीं भावों को शब्दों में व्यक्त करने का सौभाग्य मुझे प्राप्त हुआ।

Preface

मैं, जानवी, 19 वर्षीया छात्रा, और हिंदी साहित्य में पूर्णतः नौसिखिया, यह स्वीकार करती हूँ कि साहित्य की दुनिया मेरे लिए हमेशा ही अनजानी रही है। ऐसा समय भी था जब मैं स्वयं को नास्तिक मानती थी और कभी यह कल्पना भी नहीं कर सकती थी कि मैं किसी ईश्वर में विश्वास कर पाऊँगी। आज, जब मैं पीछे मुड़कर देखती हूँ, तो मुझे भी समझ नहीं आता कि यह परिवर्तन कैसे हुआ और मैं श्री राधा-कृष्ण जी के दिव्य प्रेम में इस प्रकार डूब गई। केवल यही मुझे लगता है कि यह परिवर्तन उनके आशीर्वाद के कारण ही संभव हो पाया।

यह काव्य संग्रह मेरे हृदय की गहराइयों से, मेरी आत्मा की सरल भावनाओं और मेरे प्रेम तथा भक्ति के अनुभवों से उत्पन्न हुआ है। हर कविता, हर पंक्ति, मेरे अनुभव और मेरे भीतर के भावनात्मक पल का प्रतिबिंब है। मेरी यही प्रार्थना है कि जब आप इसे पढ़ेंगे, तो मेरे हृदय में लिखते समय जो भावनाएँ मैंने महसूस कीं, वे आपके हृदय तक पहुँचें और आपको आत्मीय आनंद और शांति का अनुभव हो।

Acknowledgements

मैं उन सभी का हृदय से आभार व्यक्त करना चाहती हूँ, जिन्होंने किसी न किसी रूप में इस काव्य संग्रह को पूरा करने में योगदान दिया।

सबसे पहले, निस्संदेह यह सब श्री राधा-कृष्ण जी के आशीर्वाद और प्रेरणा के कारण संभव हुआ, जो इन सभी कविताओं के मूल प्रेरक हैं।

इसके बाद, मैं अपने परिवार — माँ, पिताजी और भाई — का आभार व्यक्त करना चाहती हूँ, जिन्होंने हमेशा मेरा साथ दिया, मुझे साहस और उत्साह प्रदान किया कि मैं अपने कार्य को प्रकाशित कर सकूँ और इसे संसार के सामने ला सकूँ।

और सबसे महत्वपूर्ण, मैं इस काव्य संग्रह के प्रत्येक पाठक का धन्यवाद करना चाहती हूँ, जो मेरी कविताओं को पढ़ेंगे, समझेंगे और एक नए लेखक के रूप में मुझे अपने भाव और विचार साझा करने का अवसर देंगे।मुझे आशा है कि मेरे हृदय की भावनाएँ आपके हृदय तक पहुँचें, मेरे शब्द आपके मन को शांति प्रदान करें और मेरी कविताओं को पढ़ने का अनुभव आपकी आत्मा में संतोष और आनंद ला सके।

1. नास्तिक से दीवानी

कुछ ऐसी मेरे जीवन की कहानी हो गई,
बेरंग सी आत्मा सुहानी हो गई।

नजाने कैसी लीला है केशव की,
जो एक नास्तिक लड़की आज कृष्ण दीवानी हो गई।

– राधे राधे

2. लीला का मंच

प्रथम जो तुझको चाहे वो,
तभी तू उसको चाह सके।

दरस की मंशा उसकी हो,
तभी तू दर्शन पा सके।

कठपुतली तू है मात्र एक,
इस नाटक का रचयिता वो।

उसके हाथों में डोर तेरी,
वो जैसे चाहे नचा सके।

– राधे राधे

3. गोविंद है

मेरे सुख में भी गोविंद है,
मेरी अश्रुधार गोविंद है।

शिखर भी है केशव मेरे,
मेरा मार्ग भी गोविंद है।

मेरा कर्म भी गोविंद है,
मेरा प्रेमधर्म गोविंद है।

मेरी आत्मा में बसा वो,
मेरी प्रत्येक श्वास गोविंद है।

– राधे राधे

4. कान्हा, मैं तेरे योग्य कहाँ?

विनाशकारी इस कलियुग में,
अधर्मी-सी एक जान हूँ।

चंद पापों से अवगत अपने,
अधिक से मैं अनजान हूँ।

अवगुणों की मूरत मैं,
ना समझ सकूँ – नादान हूँ।

क्या ऐसा कर्म किया, कान्हा,
जो तेरे प्रेम से मैं धनवान हूँ।

– राधे राधे

4

5. प्रेम अर्पण

तुझको क्या अर्पित करूँगी मैं,
तू समस्त जगत का दाता है।

दो मुट्ठी तंदुल के बदले,
दो लोक सुदामा पता है।

एक टुकड़ा साड़ी पाकर तू,
साड़ी की थान लगाता है।

मदारी तू है विश्व का,
ग्वालिन को नाच दिखाता है।

दुर्योधन घर न जाकर तू,
साग विदुर घर खाता है।

गज की जो सुनता टेर तू,
सुदर्शन चक्र चलाता है।

तेरी दया से सब कुछ पाया है,
कुछ न है जो तुझे दान करूँ।

तेरी सखी के वश बस प्रेम है,
सुना प्रेम बहुत तुझे भाता है।

– राधे राधे

6. कलियुग का काल

चलो, कलियुग को समझें आज,
मर्यादा हीन हुआ समाज।

काम-भाव चरम सीमा पर,
हुआ चीर-हरण फिर आज।

न्याय संहिता निर्बल है,
निर्दोष ने भोगा दंड आज।

यहाँ सबकी काया दूषित है,
है सबके मन में पाप का राज।

मैं स्वयं भी इसका हिस्सा हूँ,
है मेरा भी तो यह समाज।

अवतारित हों कल्कि प्रभु,
फिर से बसाओ राम राज।

– राधे राधे

7. श्रद्धा और संग्राम

तु अर्जुन सी श्रद्धा तो रख,
तेरे सारथी वह बन जाएंगे।

यदि युद्ध है हिस्से में तेरे,
तो कृष्ण भी हिस्से आयेंगे।

– राधे राधे

8. द्वारकाधीश मेरा

तेरे चरणों में हो शीश मेरा,
मेरे मस्तक पर आशीष तेरा।

साहस का केंद्र जो पूछे कोई,
मैं कहूँ द्वारकाधीश मेरा।

– राधे राधे

9. लेखकः गोविंद

मेरी गाथा के लेखक तुम कान्हा,
अगले पड़ाव का भय क्या होगा।

विजय होगी या शिक्षा कोई,
इसके अतिरिक्त विषय क्या होगा।

क्या इस बात का करूँ मैं चिंतन,
कि मेरे भाग्य के गर्भ में तय क्या होगा।

जब डोर हाथ में तेरे है,
तो मुझे भाग्य पे फिर संदेह क्या होगा।

– राधे राधे

10. मेरे सखा हो तुम

माना कि तुम हो पर ब्रह्म,
सुख भी हो तुम, व्यथा भी तुम।

हर कण में करते वास हो,
हो जीवात्मा भी तुम।

अनंत हो, अखंड हो,
मैं जानती कि क्या हो तुम।

देवत्व पर है बाद में,
प्रथम मेरे सखा हो तुम।

– राधे राधे

11. तुम आस मेरी

हूँ मैं असमंजस में कान्हा,
तुम बिन कोई सहारा नहीं।

मझधार फंसी मेरी नैया का,
तुम बिन कोई किनारा नहीं।

तुम से ही है आस मेरी,
तुम बिन किसी को पुकारा नहीं।

सारथी बनकर राह दिखाओ,
या कह दो मैं तुम्हारा नहीं।

– राधे राधे

12. भक्ति-भाव

माहवारी समय भक्ति न करो,
प्रभु कुपित हो जाएंगे।

गुहार सुनेंगे न तेरी,
नरकों का भोगी बनायेंगे।

ऐसा कहने वालों को,
यह बात कौन फिर समझाए।

प्रभु न करते भेद कभी,
इन्हें शिष्टाचार कौन सिखलाए।

माहवारी पर पांचाली थी,
जब उसका चीरहरण हुआ।

धर्म बस उसमें जीवित था,
जब सबका धर्म पतन हुआ।

ऐसे ही खुद को सौंपा उसने,
था गोविंद ने स्वीकार किया।

भक्ति भाव ही देखा बस,
आर्तव का नहीं विचार किया।

– राधे राधे

13. राम कहाँ से आये?

चरित्र है खंडित तेरा,
तो सम्मान कहाँ से आये?

धैर्य से वंचित जीवन में,
फिर ध्यान कहाँ से आये?

करुणा वंचित मन तेरा,
फिर तुष्टि कहाँ से आये?

चंचल चित्त में तेरे,
फिर ज्ञान कहाँ से आये?

भाग्य को कोसे हर क्षण तू,
विश्राम कहाँ से आये?

और प्रेम से वंचित हृदय में तेरे,
राम कहाँ से आये?

– राधे राधे

14. गोविंद जगत कल्याण करो

कष्टों से युद्ध करे हर जन,
सामर्थ्य तुम इतना दान करो।

कर्म के चक्र को समझ सके,
बस इतना ज्ञान प्रदान करो।

करे सहायता समझ परिजन,
बस इतनी करुणा दान करो।

है आज प्रार्थना सबके लिए,
गोविंद जगत कल्याण करो।

– राधे राधे

15. रौद्र जागरण

हे कालरात्रि, पुकार सुनो,
करो विनती मेरी यह स्वीकार।

मृत्यु-तांडव आवश्यक है,
दानव से भरा तेरा संसार।

युवती, बालिका या हो वृद्धा,
यहाँ कोई स्त्री न सुरक्षित है।

धारण करो फिर रौद्र रूप,
रणभूमि रही तुझे पुकार।

– राधे राधे

16. वो शिव है

प्रेम है,
प्रचंड है।

वो आदि है,
वो अंत है।

खंडित न हो सके कभी,
वो शिव है जो अखंड है।

– राधे राधे

17. स्वीकृति का सुख

भाग्य को कोसा जब मैंने,
जिस क्षण में मैं रोया था।

उस एक क्षण में न जाने
कितनों ने क्या-क्या खोया था।

कोई चिता पर रोया पिता की अपने,
बिन भोजन के कोई सोया था।

किसी का किया गया शोषण,
स्वयं को किसी ने खोया था।

मेरे जीवन में अंततः,
ऐसी कोई कठिनाई नहीं।

ना सुलझे जो ऐसी उलझन,
मेरे कृष्ण ने कोई बनाई नहीं।

आज ग्लानि को रख अलग,
यह स्वीकार मैं करता हूँ।

जीवन मेरा सुख में है,
इससे प्यार मैं करता हूँ।

– राधे राधे

18. मदहोश मन

नशा करे जो कृष्ण नाम का,
मदिरा भूल जाएगा।

मदहोश हुआ उनके नैनों से,
होश में न फिर आएगा।

– राधे राधे

19. जीवन अर्थ

मेरे सुख में भी,
मेरी पीड़ा में।

कर्मों, रिश्तों की,
क्रीड़ा में।

हर पग पर रहते साथ मेरे,
मेरा बनते सामर्थ्य है।

जीवन है मेरा कान्हा से,
मेरे कृष्ण ही इसका अर्थ है।

– राधे राधे

20. मैं जोगन

यमुना तट पर बंसी वट पर,
जिसने रास रचाई थी।

सखा के पग पखारे जब,
अपनी ठकुरी बिसराई थी।

एक टेर पर पांचाली की,
जिसने लाज बचाई थी।

मैं जोगन उस मुरारी की,
जिसने महाभारत रचाई थी।

– राधे राधे

21. माया और मैं

पाप पुण्य की सोच में मैंने,
कितना समय गँवाया है।

देर लगी समझने में,
यह सब कुछ तेरी माया है।

पुण्य हो मेरे हाथों अब,
या बनूँ अधर्म की सहयोगी।

परवाह नहीं कुछ भी मुझे,
तेरा जब तक मुझ पर साया है।

– राधे राधे

22. तेरी शरण में घर मेरा

तेरी प्रेम दीवानी हूँ कान्हा,
बावरी सी अब झूमूँ मैं।

सहस्र खोट भरे मुझमें,
तेरे चरण को कैसे चूमूँ मैं।

तुझे समर्पण मेरा है,
हो कृपा जो तू स्वीकार करे।

दुनिया न समझ सके मुझको,
तेरी शरण में घर अब ढूँढूँ मैं।

– राधे राधे

23. प्रेरणा प्रकृति

प्रकृति से प्रेरित होकर आज,
अपनी कलम से व्यक्त मैं करती हूँ|

आज मनुष्य के जीवन की,
मैं नदी से तुलना करती हूँ|

कर पर्वत पार पथरीले पथ पर,
संघर्ष वह करती जाती है|

मानव की भाँति तटिनी भी,
अशुद्धि का बोझ उठाई है|

मुश्किल का अपनी कर सामना,
तू पथ पर अपने हो अटल|

तटिनी सागर के संगम सा,
एक दिन होगा निश्चित सफल|

– राधे राधे

24. अटूट डोर

कितनों ने मुझको त्याग दिया,
कईयों ने किया है तिरस्कार।

अनंत प्रेम, घनिष्ठ साथ,
को भी किया है अस्वीकार।

कच्चे धागों के बीच में,
एक डोर वह पक्की बाँधेंगे।

चाहे कोई मुझको त्याग दे,
मेरे कृष्ण कभी न त्यागेंगे।

– राधे राधे

25. असमंजस के पार

जीवन, मृत्यु और भविष्य,
ना कुछ मनुष्य के बस में है।

जानता है सब मानव,
फिर भी एक असमंजस में है।

कर्म पे है अधिकार तुम्हारा,
कर्म पर ध्यान लगाओ तुम।

डोर सौंप दो केशव को,
अंत का मत अनुमान लगाओ तुम।

– राधे राधे

26. अर्थ तू

तेरा प्रेम जो मैं महसूस करूँ,
कैसे जग को समझाऊँ मैं?

तेरी बंसी की तान जो मुझे सुने,
कैसे हर जन को सुनाऊँ मैं?

नज़र में जगत की पागल हूँ,
निरर्थक है विश्वास मेरा।

मेरे जीवन का एक अर्थ तू है,
सबको कैसे बतलाऊँ मैं?

– राधे राधे

27. असत्य से सत्य तक

आज कुछ ऐसा ख़ास हुआ,
मुझे सत्य आज एहसास हुआ।

ना व्यक्ति कोई, ना ही वस्तु,
कुछ भी ना मेरे पास हुआ।

असत्य दृढ़ पर्वत-सा था,
खंडित मिथ्या विश्वास हुआ।

बंद हुए जब द्वार सभी,
एक कान्हा मेरी आस हुआ।

– राधे राधे

www.ingramcontent.com/pod-product-compliance
Lightning Source LLC
Chambersburg PA
CBHW070801040426
42339CB00016B/405
* 9 7 8 1 8 0 7 1 5 5 8 6 5 *